JACQUES LECLERCQ

# O MISTÉRIO DO DEUS-HOMEM

3ª edição

Tradução
Emérico da Gama

@editoraquadrante
@editoraquadrante
@quadranteeditora
Quadrante

QUADRANTE

São Paulo
2023

Copyright © 1997 Quadrante Editora

Capa
Gabriela Haeitmann

**Dados Internacionais de Catalogação na Publicação (CIP)**

Leclercq, Jacques
   O mistério do Deus-Homem / Jacques Leclercq; tradução
Emérico da Gama – 3ª ed. — São Paulo: Quadrante, 2023.

   ISBN: 978-85-7465-564-2

   1. Natal - Meditações 2. Vida cristã I. Título

                                                    CDD-242.335

**Índice para catálogo sistemático:**
   1. Meditações : Natal : Cristianismo 242.335
   2. Natal: Meditações : Cristianismo 242.335

Todos os direitos reservados a
**QUADRANTE EDITORA**
Rua Bernardo da Veiga, 47 - Tel.: 3873-2270
CEP 01252-020 - São Paulo - SP
www.quadrante.com.br / atendimento@quadrante.com.br

# SUMÁRIO

PREFÁCIO.................................................... 5

A ENCARNAÇÃO ........................................ 13

O MODELO ................................................. 25

O HOMEM-DEUS......................................... 39

O HUMANO E O DIVINO ........................... 51

A ENCARNAÇÃO NO CRISTÃO ................. 63

NATUREZA E SOBRENATUREZA............. 75

EM BUSCA DO SOBRENATURAL ............. 89

IRRADIAÇÃO DE CRISTO .......................... 101

PERFEIÇÃO DE CRISTO ............................ 113

# PREFÁCIO

"Pensar! Porque pensar é bom". Assim começa Jacques Leclercq uma pequena obra-prima de espiritualidade, o *Diálogo do homem e de Deus*. Foi a primeira obra que deu a conhecer ao público de língua portuguesa, já na década de cinquenta, o pensamento desse professor de sociologia da Universidade de Lovaina. Num leque rico, que vai de estudos sobre o direito natural e as linhas-mestras da história das civilizações até à análise da vocação e dos valores cristãos, Leclercq é autor de inúmeras obras inesquecíveis.

Porque Leclercq pensa. Num estilo de transparente simplicidade, reflete passo a passo sobre as realidades vivas do ser humano e, percorrendo-as numa espécie de espiral ascendente, conduz o leitor aos cimos da descoberta, de onde se descortinam paisagens nunca sonhadas. E quando esse pensamento se dirige às verdades de fé e as interliga e delas tira as consequências, adquire a luminosidade de um amanhecer de primavera.

É preciso ler Leclercq — em especial as suas obras de espiritualidade — com a paz interior de quem pensa, para acompanhar alguém que pensa. Não às pressas, mas meditando, deixando sedimentar cada reflexão até se estar em condições de passar para a seguinte, na certeza de que esse sossego na assimilação firmará, páginas adiante, a luz que desponta. O pensamento do autor não flui a golpes de frases lapidares ou de argumentos emocionais; mais ainda, tem-se a impressão de que foge de buscar o efeito ou de provocar o sentimento. Mas esse estilo estritamente lúcido é tão envolvente que força o leitor a ir em busca da paixão apenas pressentida e, nessa medida, inclina à adesão e ao compromisso. Suscita aquilo que Leclercq pede ao cristão: que não deixe morrer dentro de si a capacidade de admirar-se.

Concretamente, pede-lhe que não se acostume ao fato assombroso de Deus ter tomado carne e irrompido entre os homens como mais um entre eles. Que pode haver de novo — e de pessoal — nesse mistério incrível que muitos cristãos comemoram com uma naturalidade suspeita a cada Natal? Que há nele que possa e deva levar-nos à admiração, ao silêncio agradecido e à adesão transformante? Quem lê os Evangelhos com o coração puro dos que receberam gratuitamente o dom da fé, ou dos que a buscam lealmente, não pode caber em si de admiração por um Deus que convive com os homens, sendo homem.

As considerações reunidas neste volume, extraídas do livro *Treinte méditations sur la vie chrétienne*, oferecem-nos uma visão renovada do mistério da Encarnação do Verbo. Não no plano especulativo, mas no da vivência cristã. E o que vêm a dizer-nos é que esse mistério se torna o eixo da vida cristã, pois a Segunda Pessoa da Santíssima Trindade tomou carne não somente para nos resgatar, reabrindo-nos as portas de acesso a Deus, mas para *encarnar-se em cada uma das nossas atitudes e atos*. Não somente quando rezamos, mas quando trabalhamos, lutamos, descansamos, sofremos e rimos.

Deus humanado é sinônimo — e exigência — de vidas humanas divinizadas, sem deixarem de ser humanas. Todos os momentos do nosso viver se transformam em divinos, não por mera justaposição, mas na sua raiz. Oferecemos de algum modo a Cristo uma humanidade acrescida, para que Ele continue a viver essa vida que começou visivelmente no primeiro Natal e que se prolongará como Natal permanente enquanto houver homens sobre a face da terra. De algum modo, no cristão, já não é o homem quem trabalha e ama: é Cristo quem trabalha e ama nele. E isto a tal ponto que se tornam verdade as palavras de Santo Agostinho: *"Haverá um só Cristo, amando-se a Si mesmo"*. Esse é o segredo e o compromisso da vida cristã: que cada homem e, pela sua irradiação, o meio social em que vive, sejam Cristo que ama, em oferecimento ao Pai: um só Cristo.

*No princípio era o Verbo, e o Verbo estava com Deus, e o Verbo era Deus. Ele estava com Deus no início. Por ele tudo foi feito, e sem ele nada se fez. Ele era a vida de todo o ser e a vida era a luz dos homens. E a luz brilhou nas trevas e as trevas não a compreenderam.*

*Surgiu um homem enviado por Deus. O seu nome era João. Ele veio como testemunha, para dar testemunho da luz, a fim de que todos cressem por meio dele. Ele não era a luz, mas dava testemunho da luz. O Verbo era a luz verdadeira, que, vindo ao mundo, ilumina todo o homem. Ele estava no mundo e o mundo foi feito por ele e o mundo não o conheceu. Ele veio ao que era seu, e os seus não o conheceram. Mas, aos que o acolheram, deu-lhes o poder de se tornarem filhos de Deus, àqueles que creem no seu nome. Estes nasceram, não do sangue, nem da vontade da carne, nem da vontade humana, mas de Deus.*

*E o Verbo fez-se carne e habitou entre nós, e vimos a sua glória, glória que recebeu do seu Pai como Filho Unigênito, cheio de graça e de verdade. João deu testemunho dEle, clamando: "Este é aquele de quem eu disse: o que vem depois de mim foi posto adiante de mim, porque existia antes de mim". Da sua plenitude todos nós recebemos graça após graça.*

(Jo 1, 1-18)

# A ENCARNAÇÃO

A Encarnação é, em certo sentido, a totalidade da nossa vida cristã. Devemos meditar nela sem cessar, pois é rica como um manancial inesgotável. Mas, por onde começar? Tratemos de propor à nossa reflexão alguns temas centrais.

*O maior de todos os acontecimentos*

O primeiro ponto será que a Encarnação é o acontecimento mais prodigioso que já se deu no mundo.

Se é verdade que a Segunda Pessoa da Santíssima Trindade, o Verbo, *se fez carne* e que existe na história da humanidade um homem que é Deus, esse acontecimento é o maior de todos. É de tal importância que toda a história se divide radicalmente em anterior e posterior a Cristo.

E se é verdade que o Homem-Deus não veio à terra simplesmente para que houvesse essa perfeição no mundo, mas veio por nossa causa, preocupado com o nosso bem, para nos salvar, para exercer a sua ação sobre o gênero humano, a importância desse acontecimento aumenta até dominar tudo e fazer com que nada tenha importância senão na medida em que se relacione com Cristo.

Na minha vida, na de cada um de nós, a questão essencial, crucial, será pois saber onde estamos nós em relação a Ele. Se Ele veio trazer-nos uma vida que supera qualquer outra e que transforma tudo, esse passa a ser o único problema da nossa existência.

## A rocha

O segundo ponto será a imensa segurança que a Encarnação nos traz.

Se com os olhos da fé acolhemos a verdade da Encarnação, os acontecimentos do mundo tornam-se insignificantes em comparação com o problema da vida divina em nossas almas. As guerras e as revoluções, a riqueza e a pobreza, a saúde e a doença, a própria morte, tudo perde a sua importância, se a vida mais profunda do meu ser é a vida divina de união com Cristo, pois esta pode continuar no meio de todos os abalos e prolonga-se sem mudança substancial para além deste mundo, no outro.

Se aceito a Encarnação do Homem-Deus, possuo em mim um centro de gravidade, uma rocha sobre a qual podem passar todas as ondas sem que se mova. Pode *cair a chuva*, podem *desencadear-se as tormentas e soprar o vento* (cf. Mt 7, 25), que a rocha nem o notará.

Ter Deus em mim, apoiar-me no Homem-Deus, caminhar pela vida com Ele torna-se algo tão grandioso, ultrapassa de tal maneira os acontecimentos materiais ou simplesmente humanos, que estes já não podem causar estragos à minha alma. E como Deus é absolutamente fiel, como nunca atraiçoa, como a Encarnação me prova que Ele se interessa por mim a tal ponto que, para me salvar e fazer-me participar da mais alta glória que uma criatura pode ambicionar, realizou essa obra inaudita que é o nascimento de Jesus, a sua vida terrena e a sua morte, eu tiro desta verdade uma segurança que nenhuma doutrina, nenhuma certeza humana, nenhum amor humano me pode dar, nem de longe.

*Como não nos admirarmos?*

O terceiro ponto será o caráter inaudito da Encarnação.

Inaudito, no sentido etimológico, significa algo que nunca se ouviu. É verdade. Nunca se ouviu uma história semelhante.

A história do Homem-Deus e todas as suas consequências — a vida divina em nós e a presença real de Cristo na Eucaristia, tal como a Igreja as define com um realismo intransigente, que não se importa de que a razão humana não as compreenda —, não somente são coisas nunca dantes ouvidas, como se julgariam impossíveis se não fossem verdadeiras.

*Este homem blasfema*, diziam os judeus (Mt 9, 3). E houve ocasiões em que também os discípulos acharam a sua palavra *demasiado dura* (Jo 6, 61) e, para dizer tudo, inaceitável. A Encarnação é um escândalo para o espírito. Mesmo que saibamos por definição que Deus pode tudo, nunca acreditaríamos na possibilidade da Encarnação se não a víssemos realizada com tais garantias que o espírito não pode deixar de aceitá-la.

\* \* \*

Não nos admiramos o suficiente.

Trata-se de um acontecimento completamente inverossímil. Escreveu-se que a inverossimilhança pode chegar a ser verdade, e este é o caso. Nunca se poderia imaginar uma aventura semelhante. Não há nada na literatura humana que se pareça com ela, porque, embora se encontrem histórias de seres divinos na terra, não se encontra nelas nada do que nos dá o cristianismo: uma religião que depura tão radicalmente a noção da transcendência divina — revelando-nos Deus tão perfeitamente inacessível ao nosso espírito, cavando um abismo tão grande entre os homens e Ele — e que, ao mesmo tempo, afirma que Deus vem a nós, se ocupa de nós, se mistura com a nossa vida e chega a impregnar-nos completamente dEle.

Só podemos crer nisso porque a evidência nos força a fazê-lo. Se não soubéssemos que aconteceu, não nos custaria nada demonstrar que é impossível, como ocorre muitas vezes nas ciências, antes de uma descoberta. A Encarnação violenta a nossa mente, constrange os conceitos espontâneos da nossa inteligência; irrompe no nosso espírito por assalto e revoluciona-o de alto a baixo para abrir um lugar para si.

É um acontecimento único em toda a história. Nunca se produziu nada de semelhante desde que o Universo existe. E sabemos que nunca se produzirá. Não é um simples acaso que tenha acontecido uma única vez: é tão prodigioso que a sua própria natureza exige que seja único e nos dá a certeza absoluta de que não se repetirá.

No entanto, não nos admiramos.

\* \* \*

Os filósofos e os teólogos construíram sistemas racionais que justificam a Encarnação, que explicam como é possível e até por que é razoável. Enumeram o que se chamam razões de conveniência e acabam por dar a impressão de que o estranho seria que não tivesse acontecido. Como tudo gravita à sua volta, a nossa concepção do mundo careceria de base sem ela. Portanto, não nos admiramos muito. Admirar-nos-íamos, sentir-nos-íamos violentados nos nossos costumes, se de repente soubéssemos que não é verdade. Quando os incrédulos objetam que se trata de algo muito extraordinário, respondemos: "De maneira nenhuma! Justifica-se muito bem por esta e por aquela razão".

Mas seria mais lógico que respondêssemos: "É verdade, é extraordinário, e mais do que se pode exprimir; tanto, que o julgaríamos impossível, se não fosse verdade. Ultrapassa a tal ponto as nossas medidas humanas que não podemos sequer imaginar uma grande-za semelhante. Tudo depende de saber se é verdade. Mas, se é verdade, como resistir-lhe?"

No entanto, é verdade, é a pura ver-dade. E por isso a primeira virtude do cristão deve ser a admiração. A nos-sa vida interior deve consistir antes de mais nada em despertar cada manhã em nossa alma a admiração de saber--nos amados por Deus até esse extremo: *O reino dos céus é semelhante a um te-souro escondido num campo; o homem que o encontra, vai e vende todos os seus bens para comprá-lo* (Mt 13, 44). Este gesto espontâneo de desfazer-se de tudo é a admiração.

\* \* \*

"Seria preciso que me cantassem can-ções bem melhores para que eu cresse no

Salvador; seria preciso que os seus discípulos dessem mais a impressão de terem sido salvos". Infelizmente, estas palavras de Nietzsche são verdadeiras, pois não é essa a impressão que causamos com frequência. A Encarnação e a vida que ela nos traz, que deveriam traduzir-se em alegria e entusiasmo no nosso semblante, não constituem para uma excessiva maioria senão um jugo que suportam estupidamente, sem sequer se perguntarem sobre o seu significado.

O que Nietzsche quer dizer é simplesmente que não nos maravilhamos o suficiente. O incrédulo nota claramente que, se se trata de uma verdade, a alma deveria expandir-se num cântico que abarcasse toda a vida. Seria de desejar que também o cristão o notasse.

Assim, a conclusão destas primeiras reflexões deve ser praticarmos a virtude da admiração. Sem isto, não há cristianismo autêntico; sem isto, como poderei desfazer-me de todos os bens que a minha natureza deseja, a fim de ganhar Cristo?

Portanto, vou praticar a virtude da admiração. Mas como o farei, Senhor, se Tu mesmo não me ajudas a alcançá-la?

# O MODELO

*Tão humano como nós*

O que eu amo nEle é que seja tão humano.

É um homem como nós. Cresceu numa aldeia, caminhando da infância para a adolescência e da adolescência para a idade adulta.

Fala como nós e, como nós, levanta o pó dos caminhos à sua passagem. Vemo-lo sentar-se, fatigado, no bocal de um poço. Tem fome, tem sede. Tem afeições cheias de ternura. Ama a sua Mãe, ama os seus discípulos, a sua pátria: chora sobre as desditas que pairam sobre ela, como chora diante do túmulo de Lázaro. Mostra pelos desgraçados uma compaixão nascida do coração. Mas também se irrita e se levanta contra os orgulhosos e os hipócritas, expulsa com violência os vendilhões que mancham o templo de seu Pai.

Um autêntico homem, verdadeiramente o Filho do homem, o Homem. Pode-se tomá-lo como modelo de humanidade. Eu posso tomá-lo como meu modelo.

E fala a linguagem do seu país e do seu tempo, não uma algaravia intemporal que pretendesse dirigir-se a todos os tempos sem pertencer a nenhum. É verdadeiramente do seu país e do seu tempo. É um judeu dos primeiros anos da nossa era. Veste-se e apresenta-se como então era costume na sua terra. É um homem no tempo e no espaço, como são os outros homens. Num lugar bem determinado, esse e não outro, esse país e não outro, essa família e não outra. Exatamente como nós.

\* \* \*

À exceção do pecado.

É a grande diferença conosco: Ele irradia pureza. Mas admira-nos precisamente que isso não o torne menos homem.

Apesar de tudo o que nos diz a razão, temos sempre a impressão de que, para sermos humanos, devemos ser um pouquinho pecadores. Por que o pecado nos parece mais humano que a virtude? "É humano", diz-se quando alguém pecou; nunca se diz isso de quem se comportou bem. E em quantos ambientes "bancar o homem" não consiste em blasfemar, embriagar-se, perverter-se? "Prove que é um homem", diz-se; e é preciso beber até cair da cadeira.

Pois bem, não. Ele é autêntico homem. Não existe ninguém mais homem que Ele, e está sem pecado. É forte, ardente, enérgico. Ama profundamente; é viril. Possui uma energia que não decai, unida à mansidão impressionante dos que são perfeitamente donos de si próprios. É inteiramente homem, e está sem pecado. O pecado nada tem a ver, portanto, com a hombridade. Jesus Cristo dá-me disso uma prova melhor que todos os raciocínios; basta-lhe mostrar-se aos meus olhos.

\* \* \*

Por que me alegra tanto que seja um homem como os outros, que se canse e se comova? Não me causa nenhum prazer ver um carregador arfar de cansaço.

Não será precisamente porque Ele não é como os outros? Quando alguém não é qualquer um, alegramo-nos de ver que, apesar de estar tão acima de nós, continua a ser como toda a gente, como nós, na sua natureza e na sua ação cotidiana. O povo sempre gostou de saber que os príncipes são homens como os outros, e ficamos felizes quando vemos um sábio de renome ou um grande político divertir-se ou rir como toda a gente. As crianças ficam felizes quando veem um grande personagem participar dos seus jogos e dar a impressão de divertir-se tanto como elas. E todos continuamos a ser mais ou menos crianças neste aspecto.

Quando se trata de Cristo, isso causa-nos um prazer incomparável, porque sabemos que Ele é Deus e que, por conseguinte, é prodigioso e quase enlouquecedor dizer que esse homem tão simples, tão semelhante a nós, é Deus.

Deus é um Ser infinito, inexprimível, inacessível; não há nenhuma medida comum entre Ele e nós. E é assombroso pensar que esse homem tão simples é Deus e que a perfeição, a transcendência, o infinito e o absoluto de Deus podem combinar com essa simples humanidade, a tal ponto que esse homem que se chama Jesus seja verdadeira e realmente Deus.

E quanto mais sei o que é Deus, mais me convenço de que Cristo é Deus, e entendo melhor que não haja palavras capazes de exprimir o assombro de vê-lo Deus e ao mesmo tempo homem perfeito. Perfeito, não no sentido de uma perfeição abstrata, de ideia sem realidade alguma, mas enquanto Ele a realiza tal como todos a quereríamos para nós: uma perfeição que nos cumularia de felicidade e nos faria homens completos.

## Uma perfeição à nossa medida

Alegra-me também vê-lo tão autenticamente homem porque isso me permite compreender que a perfeição não me afastará do meu caminho de homem; mais ainda, que não existe perfeição humana, verdadeira perfeição do homem, sem estes afetos que dominam a minha vida, sem estas limitações que a envolvem e que, apesar de tudo, sempre me parecem defeitos derivados da minha imperfeição.

Ele possui de tal forma tudo o que caracteriza um homem que, à primeira vista, não se vê nEle senão o homem.

Para os seus contemporâneos, era um homem bem conhecido no seu meio, *o filho do carpinteiro* (Mt 13, 55), e para nós é um personagem histórico a quem se aplica, como a todos, a crítica histórica. Geralmente, é preciso um certo tempo, é preciso olhá-lo bem, para perceber que é Deus, e, além disso, temos necessidade de ser socorridos com o dom da fé. Para os que o consideram superficialmente, é um homem, apenas um homem, e nem sequer necessariamente o mais heroico dos homens.

Os heróis que as lendas nos propõem são, por exemplo, gente que nunca se fatiga: Hércules não se cansa nunca. Eu tenho para mim que os meus frequentes cansaços são sinal da minha imperfeição. Mas o Evangelho mostra-nos Jesus fatigado e até dormindo na barca, quando, aparentemente, deveria estar acordado. E no-lo mostra também com fome.

Tendemos a imaginar os heróis como seres impassíveis, impávidos, que não tremem nem nunca se comovem, que nos paralisam com um olhar de aço. São super-homens. Mas, quando nos aproximamos de Jesus, vemo-lo chorar, entristecer-se e mesmo perturbar-se até o fundo da alma na tarde da agonia.

Chegaram a censurá-lo por viver excessivamente como os outros. Diziam: "Vede, gosta de comer bem, aprecia o vinho e convive com todos" (cf. Mt 11, 19).

No entanto, é mais perfeito que nenhum herói. Não é um super-homem. É Deus.

Por conseguinte, se eu sinto tantas limitações em mim, isso não é necessariamente um defeito. Se tenho movimentos afetivos a que só resisto com dificuldade, isso não é necessariamente uma prova de imperfeição. Posso chegar a ser perfeito sem deixar de ser eu mesmo, conservando uma forte emotividade e mesmo algumas fraquezas.

Não preciso de abdicar em nada da minha humanidade para me assemelhar a Cristo, tanto quanto é possível a uma criatura. De maneira nenhuma devo deixar de ser eu mesmo, nem na menor parcela.

\* \* \*

Encontrei muitas vezes pessoas que me confessavam ter medo de chegar a ser perfeitas, porque lhes parecia que iam perder a sua personalidade; outras que achavam que os católicos têm menos personalidade que os não-católicos; e mesmo conversos que, desde a sua conversão, tinham a impressão de haver perdido algo da sua personalidade.

Mas tudo isso não pode ser verdade, se Jesus Cristo é tão humano, se é o Homem por excelência, o homem mais completo e acabado de todos os homens.

Se esses cristãos têm menos personalidade que os outros homens, é porque alguma coisa lhes falta para serem cristãos em toda a plenitude. Podem ser castos e piedosos, caritativos e tudo o mais, mas alguma coisa lhes deve faltar num aspecto ou noutro... Talvez eu não veja bem o que pode ser, mas alguma coisa há de ser..., se é mesmo verdade que não têm personalidade, porque também pode acontecer que sejam os outros que não a tenham...

E se os conversos têm essa impressão, é porque também lhes falta alguma coisa. Em qualquer caso, o certo é que nada perdemos da nossa humanidade por sermos cristãos.

\* \* \*

Meu Deus, obrigado por teres querido dar-nos o teu Cristo.

Senhor, obrigado por teres vindo.

Terias podido salvar-nos sem vir.

Bastava apenas que tivesses querido salvar-nos. Não se consegue compreender que a Encarnação fosse necessária. Mas Tu quiseste situar entre nós o exemplo completo de toda a perfeição.

Dizemos "o exemplo de toda a perfeição" e falamos de perfeição humana. Jesus Cristo não é exemplo de perfeição angélica. Vem para nós, os homens. É nosso modelo. É nosso, no gênero humano e do gênero humano.

Ele transforma a nossa vida. Se quero saber o que é a perfeição, basta-me pôr os olhos nEle; nEle encontro o homem perfeito.

Basta-me olhá-lo, escutá-lo. As suas palavras vêm sendo estudadas há vinte séculos por dez mil exegetas. Não é o sentido exato, gramatical, filológico, doutrinal de cada uma delas que me interessa. É este aroma de perfeição e sabedoria que se evola do conjunto.

Obrigado, Mestre, por teres vindo, por estares no meio de nós, homem entre os homens, o Homem entre os homens, como outro qualquer, formado como todos nós e, no entanto, o Homem que *tudo atrai a si* (cf. Jo 12, 32), porque, desde que vieste, não existe outra perfeição.

Obrigado por teres vindo e porque eu posso olhar-Te e alimentar a minha vida em Ti.

# O HOMEM-DEUS

Perfeitamente humano e Deus.

Creio nisso desde a mais tenra infância, porque assim me ensinaram, mas... e se não me tivessem ensinado? Que dizer dos que se converteram em outros tempos e dos que se convertem hoje?

Por outro lado, encontro muitos que veem nEle um sábio e um modelo, que gostam de meditar nos seus ensinamentos, sem no entanto o reconhecerem como Deus; que declaram não ter necessidade disso para admirá-lo ou mesmo para imitá-lo. Basta-lhes que seja o mais sábio dos homens. E, em última análise, não é essa uma atitude plenamente satisfatória e que evita muitas dificuldades?

Mas se Tu és verdadeiramente esse ser prodigioso que cremos, Senhor, temos de ir mais longe e aceitar que és Deus.

## Sinais dos tempos

Os milagres?

O Evangelho relata muitos, mas não me parece que tenham convertido muita gente. Causam emoção, comovem os espíritos. Tal como no episódio da tempestade apaziguada, os circunstantes perguntam-se: *Quem é este, a quem até os ventos e o mar obedecem?* (Mt 8, 27). Mas, em geral, o efeito não parece ir mais longe.

Não o disseste Tu mesmo? *Esta geração má e adúltera pede um sinal, mas não lhe será dado outro senão o do profeta Jonas. Assim como Jonas esteve três dias no ventre do peixe, assim também o Filho do homem estará no seio da terra durante três dias e três noites* (Mt 12, 39--40). E, apesar de tudo isso, Tu mal pareces confiar nessa prova, pois os espíritos carnais são incapazes de reconhecer os *sinais dos tempos* (cf. Mt 16, 3).

Além disso, os teus milagres, Senhor, não são cotidianos. A própria comoção que suscitam mostra que eram excepcionais. A tua atuação pública não foi uma série contínua de milagres; os enfermos não se levantavam todos à tua passagem e só de tarde em tarde ressuscitavas um morto. O milagre é simplesmente um elemento num conjunto, acompanha e sublinha a tua transcendência, como se vê no episódio do paralítico a quem dizes primeiro: *São-te perdoados os teus pecados*. E é só quando os escribas se indignam, acusando-te entre sussurros de blasfemar, que Tu acrescentas: *Que é mais fácil: dizer "Os teus pecados te são perdoados", ou dizer "Levanta-te e anda"? Pois para que saibais que o Filho do homem tem sobre a terra o poder de perdoar os pecados, "Levanta-te" — disse ao paralítico —, "apanha a tua cama e volta para casa"* (Lc 5, 23-24).

Mas, e a Ressurreição? É verdade que os Apóstolos, quando começam a pregar, se apresentam como arautos da Ressurreição. A Ressurreição parece-lhes decisiva, não oferece nenhuma dúvida, e eles se apresentam como testemunhas desse acontecimento inaudito. Contudo, eles mesmos não esperaram por ela para crer. Uniram-se a Ti, entregaram-se, creram em tudo acerca de Ti quando estavas entre eles, quanto

Te viam e Te ouviam na tua humanidade como a nossa. Qual é o segredo dessa adesão sem igual, que nenhum mestre jamais recebeu?

*Vê-lo e segui-lo*

*Senhor, a quem iríamos? Tu tens palavras de vida eterna.*

É Pedro quem fala assim. Jesus acaba de pronunciar o discurso em que anuncia a Eucaristia... *A minha carne é verdadeira comida, o meu sangue verdadeira bebida...* Essas palavras ofendem os discípulos e a maioria deles o abandona: *E vós* — diz aos Apóstolos —, *quereis também vós deixar-me?* A resposta brota espontânea e cálida: *Senhor, a quem iríamos?* (Jo 6, 55.67-68)

É que emana dEle uma transcendência que ultrapassa a ordem criada.

43

*Senhor, eu não sou digno de que entres em minha casa*, diz o centurião, ao pedir-lhe a cura do seu servo (Mt 8, 8). Temos de situar este episódio. Jesus é um jovem judeu de classe média. O centurião é um oficial romano e os romanos ocupam o país como donos. Todos sabemos o que era o orgulho romano: o orgulho britânico de há poucas décadas só nos pode dar uma pálida ideia do ponto a que chegava. Quem seria capaz, há cinquenta anos, de imaginar um coronel inglês, na Índia, dirigindo-se com as mesmas palavras do centurião a um vago profeta hindu, ainda moço, e de quem só se tivesse começado a falar há uns meses?

\* \* \*

O seu ascendente é soberano. Ele não pertence a um povo, a uma classe, a uma família. Melhor: faz parte de tudo isso, como vimos, e ao mesmo tempo não faz. Transcende todas as categorias, como transcende todos os poderes.

Fala *com autoridade* (cf. Mt 7, 29). Não fala em nome de Deus; não é um profeta. Fala em nome próprio e em nome próprio anuncia a doutrina divina.

Não prova nada, não se justifica, não argumenta. Ensina. Impõe-se, porque a sabedoria que emana dEle é irresistível. Quando se chega a apreciar essa sabedoria, quando se tem o coração suficientemente puro para apreciá-la, sabe-se que não existe outra. Não se sente necessidade de comparar, de estudar. Vê-se.

Vê-se que Ele é o absoluto; vê-se que, diante dEle, tudo é pó; vê-se que Ele é a Vida. Assim como as estrelas se apagam quando sai o sol, assim acontece com todas as sabedorias e todas as escolas.

*Senhor, a quem iríamos? Tu tens palavras de vida eterna.*

\* \* \*

Cada palavra que se desprende dos seus lábios é palavra de eternidade. E, no entanto, nada mais simples que a sua linguagem.

Nenhuma teatralidade. O que a sua palavra realiza nos corpos e nas almas opera-se sem rituais e sem fórmulas. Diz à pecadora: *Os teus pecados te são perdoados* (Lc 7, 48), da mesma maneira que diz: *Lázaro, vem para fora!*, e Lázaro ressuscita (cf. Jo 11, 43). Tudo isto forma um todo e não pode ser separado. Ele é soberano, é o Dono.

E a paz que nos invade, na alegria e na segurança indefectível, ao vê-lo e segui-lo, não é desta terra.

Ao vê-lo e segui-lo, porque, como não segui-lo depois de tê-lo visto?

\* \* \*

João Batista, ao ver Jesus que passa, diz a dois dos seus discípulos: *Eis o cordeiro de Deus.* Os discípulos seguem-no e Jesus, voltando-se, pergunta-lhes: *Que buscais?* Eles dizem-lhe: *Mestre, onde moras?* Jesus responde: *Vinde e vede.* Acompanham-no, passam o dia com Ele, e André, um dos dois, quando encontra o seu irmão Simão, diz-lhe: *Encontramos o Messias* (Jo 1, 35-42).

Que lhes disse Jesus nessa entrevista? Pouco importa. O que importa nesse momento não é o que Ele diz, mas o que é. O que importa é captar ao seu contacto o Inefável entre nós.

Sim, Deus nessa simplicidade.

*Este homem era verdadeiramente o Filho de Deus* (Lc 23, 47), exclamaram os encarregados de vigiá-lo, ao vê-lo morrer. Tal como aqueles outros que tinham sido enviados para prendê-lo e voltaram sem Ele. *Por que não o trouxestes?*, dizem-lhes, furiosos, os pontífices. E eles: *Nunca um homem falou como esse homem* (Jo 7, 46).

## O inefável

Como explicar o que se vê em Ti, Senhor, e o que faz com que já não possamos desprender-nos de Ti?

Não é isto ou aquilo, não é nada que se possa analisar. É um conjunto, é a irradiação da tua personalidade nas tuas palavras, nos teus atos, na menor das tuas atitudes*. Através da serena simplicidade da tua vida humana, é Deus, é essa irradiação que nos sentiríamos inclinados a dizer fulgurante, mas que é tão suave; que nos inclinaríamos a chamar suave, mas que é tão forte; algo que transcende todas as categorias, paz, suavidade, força, alegria, certeza. É tudo. Não há nada que não se encontre em Ti.

No entanto, Tu és o mais simples dos homens. Não estudaste nas escolas. Não tens fortuna, nem posição social, nem título. Não és senão Tu mesmo. Mas conquistas.

Basta perguntar-Te, basta olhar-Te para saber quem és; toda a tua conduta o atesta.

---

(*) Sobre este tema, leia-se Karl Adam, *Jesus Cristo*, 2ª. ed., Quadrante, São Paulo, 1997, caps. *A vida íntima de Cristo* e *O que Jesus nos disse de si mesmo* (N. do T.).

\* \* \*

Tudo, aceito tudo de Ti. Basta-Te falar para que eu escute. Porque, como é possível permanecer impassível quando se ouve a tua palavra? Que somos nós quando Tu estás aí, Deus, Deus de Deus, soberano Senhor, que manifestas humanamente, em cada um dos teus passos, a transcendência divina?

Fala-me. Farei o que quiseres. És chama viva? Estou pronto a arder. És água? Estou pronto a submergir. Tudo o que quiseres. Quando ressoa a tua voz, tudo se cala em mim, só existes Tu, porque Tu és o soberano Senhor.

Daqui por diante, que outro rumo imprimir à história senão o caminho que Tu apontas? O inefável está em Ti e está entre nós. Que importância têm já as coisas temporais?

# O HUMANO E O DIVINO

— Senhor, às vezes eu quereria que Te manifestasses de um modo mais sensível. Há tanta gente, tanta pobre gente à espreita de algo que possa ver e ouvir! É tão desconcertante este Deus que se oculta, esta Eucaristia que não se vê, que só sabe a pão...

— Não sabes que sou Deus?

— Sim, Senhor, sei e creio. Mas não há maneira de ver alguma coisa? Olha como as multidões acodem pressurosas, mal se fala de uma aparição ou de um milagre.

— Deus é Deus. Ainda não o compreendeste?

— Sim, mas... ver. Ver alguma coisa!

— E se visses, julgas que isso seria Deus? Não sabes que Deus é espírito? Não sabes que transcende até os espíritos, que está por cima de todas as categorias, que é o Inefável? Quererias sinais no céu, prodígios, o sobre-humano. É claro que posso fazê-lo; demonstrei-o suficientemente. Mas não vês que tudo isso não sou Eu? Não compreendes que o divino não pode ser medido com medidas humanas? Quererias fazer de Deus algo de parecido com os mágicos de feira, o mais perfeito deles, sem dúvida, um supermágico, mas, afinal de contas... um mágico. Não compreendes que o sinal do divino é não admitir nenhuma comparação com o humano?

— Não obstante, Senhor, a tua humanidade...

— Aí tens o mistério da Encarnação, que ultrapassa toda a imaginação e mesmo toda a tentativa de exprimi-lo. A Encarnação significa que Eu sou ao mesmo tempo autêntico homem e autêntico Deus. Compreendes esta fórmula? Parece-me que tu quererias que Eu fosse apenas um homem superior aos outros, que realizasse obras que permanecessem no plano humano, mas maiores; que as pudesses comparar com os trabalhos de Hércules e achá-las ainda mais prodigiosas. Pedes sinais. Mas não está o sinal na ausência do que tu chamas sinais?

— Senhor, não entendo nada.

— Se verdadeiramente sou homem, tudo em mim é humano. Se sou verdadeiramente Deus, tudo em mim é divino.

— Sim, Senhor, concordo, mas...

— Mas tu quererias que o divino fosse sobre-humano.

— Mas já que és homem e Deus...

— Porque sou homem e Deus, toda a minha ação se desenvolve no plano humano e, ao mesmo tempo, em toda a minha ação transparece algo que é puramente divino, que não caminha por caminhos humanos. Não é algo humano engrandecido ou transformado. É divino, verdadeira e unicamente divino.

— No entanto, Senhor, deveríamos notá-lo de uma maneira ou de outra...

— Sim, é claro que o notas. A princípio, vês-me como "outro", depois como transcendente. O que vês para além da minha humanidade é algo indizível, que precisamente por ser divino não pode ser formulado na linguagem dos homens, pois não corresponde a nenhuma das categorias da tua razão.

É uma perfeição que não fala aos sentidos; também não fala à inteligência, que raciocina valendo-se de conceitos; vai além da imaginação... Caso contrário, não seria divina.

— O que dizes, Senhor, deixa-me confuso. Não conheço em mim senão os sentidos, a imaginação e a razão. Como então poderei perceber-Te? Com que faculdade misteriosa?

— Há homens de gênio que conhecem a minha Escritura tão bem como os maiores teólogos, e não veem o divino. Há homens simples que o veem, sem conhecê-la tanto.

— Que é que isso prova, Senhor? É sinal de que o divino é algo de irracional?

— Não é irracional, é suprarracional. Já te disse: Eu estou acima das vossas categorias.

— Mas, Senhor, uma perfeição humana não pode ser obstáculo à compreensão da verdade, e a inteligência é uma perfeição, como também a ciência.

— Sim, deveis pôr ao meu serviço todos os dons que possuís. Quero que vos sirvais da vossa inteligência para conhecer tudo o que humanamente possais conhecer a meu respeito. Mas nunca o mero exercício da inteligência vos levará à percepção do divino, e sem grande ciência também chegareis a ela, sempre que tenhais uma humilde boa vontade.

— Então onde está o caminho, Senhor?

— Basta-te procurá-lo. Tudo depende das disposições da alma. Não sabes que Eu disse: *Bem-aventurados os puros de coração, porque verão a Deus*?

(Mt 5, 8). O sentido do divino só desperta nos corações puros. Quando se está preso aos bens materiais, às apetências da carne, como queres que a alma se abra à experiência do que transcende o humano? Como queres que os olhos fascinados pela terra se abram ao que só fala à alma?

— Sim, Senhor, começo a compreender. Mas a tua humanidade...

— Por que queres que haja contradição entre o humano e o divino, se estão em dois planos absolutamente distintos? Por que queres que Eu me comporte de um modo diferente do dos homens, se quero tomar carne mortal e viver convosco para vos introduzir no ritmo da vida divina, para vos deixar o exemplo de uma perfeição que seja uma perfeição ao vosso alcance? Não vês que, se pretendesse manifestar-me como sobre-humano, isso seria esconder o divino? Não vês que até os milagres do Evangelho obedecem a valores espirituais?

"Toda a minha ação fala à alma, e o extraordinário humano não tem sentido nesta linguagem. João Batista, que era *o anjo que vai adiante da minha face* (cf. Mt 11, 10), não tinha nada de quanto glorifica aos olhos dos homens. E não te lembras da parábola do rico comilão e do pobre Lázaro, em que Abraão diz aos que se nutrem da carne: *Se não escutam Moisés e os Profetas, como creriam num morto, ainda que ressuscitasse?* (Lc 16, 31). Diriam que, já que o veem vivo, não estaria verdadeiramente morto.

"Os meus caminhos não são os vossos caminhos, e sois vós que deveis entrar pelos meus caminhos. Um caminho não é meu se não é completamente diferente do que os homens esperam. Como não há de desconcertar-vos o divino?

"Sempre vos admirareis de que Eu só aprecie valores que vós mal notais e de que eu disperse de um sopro os vossos valores. Lentamente, pouco a pouco, por um trabalho interior de purificação, chegareis a conhecer o preço desta *única coisa necessária* (Lc 10, 42) que a maioria de vós acha um sonho e que só os meus fiéis reconhecem a ponto de chegarem a viver dela.

"É isto o que podes ver aflorar no Evangelho e o que crescerá silenciosamente na tua alma, se tens a coragem de afastar-te das apetências mundanas para abrir-me a tua porta e pendurar dela, no meio da noite, a lâmpada que me chame".

— Obrigado, Senhor. Agora penso que compreendi e nunca mais me queixarei.

"Vejo que a realidade é infinitamente mais bela do que imaginamos, pois a imaginação é uma faculdade tosca e deformadora quando se aplica a Ti.

"Começo a captar a maravilha da Encarnação: que seja Deus manifestando-se no humano, vivendo no humano; que seja o humano a converter-se, de algum modo, em divino sem deixar de ser humano, plenamente divino, irredutível ao humano, transcendente ao humano e ao sobre-humano, ultrapassando o prodigioso, concebido à nossa medida. E a maravilha da Encarnação é que possamos realizar isto na nossa vida.

"Oh sim, Senhor, abandono-me a Ti, para que a tua graça me invada e me impregne do teu espírito. Deixarei que a tua inefável divindade penetre a minha humanidade deficiente, por essas avenidas misteriosas que escapam à nossa análise e pelas quais subitamente Tu te apresentas em nós, pelas quais nos aparece inopinadamente, como através de um véu, a irradiação misteriosa do teu Ser".

# A ENCARNAÇÃO NO CRISTÃO

Mestre, é verdade que a tua Encarnação transforma a minha vida na sua realidade mais íntima?, que não é somente a maravilha, o encanto das almas, mas se prolonga em mim? E que todo este mistério humano-divino, de que não nos podemos saciar ao considerá-lo em Ti, eu o encontro em mim mesmo, tão semelhante que posso dizer com São Paulo: *Já não sou eu que vivo, mas é Cristo que vive em mim* (Gl 2, 20), e que Tu mesmo pudeste dizer que dependemos de Ti como os ramos dependem da videira? (cf. Jo 15, 4).

É verdade que, batizado, vivendo da fé, me torno como Tu? Que a Encarnação de certo modo se renova em mim e que a vida cristã não é somente a "imitação de Cristo", mas é Jesus Cristo vivo, que continua e volta a viver em cada um dos seus?

Mestre, esta doutrina parece-me ainda mais inaudita do que a tua Encarnação. É verdadeiramente prodigioso que tenha existido um homem que fosse o próprio Deus; mas, que novo mistério não é, Senhor, que essa divinização se estenda, pela graça, a milhares e milhões e até a miseráveis como eu!

*Adoção e natureza*

Bem sei que não é absolutamente a mesma coisa, e que os teólogos — a quem desagrada que se digam tolices, mesmo sob o impulso do mais puro entusiasmo — me detêm neste ponto com distinções.

Sei perfeitamente que Tu és "Filho por natureza" e que eu não sou senão "filho por adoção". No entanto, a tua vida penetra em mim e impregna-me. Entras em mim, estás em mim, atuas em mim, a tal ponto que as minhas ações não são apenas minhas, mas também tuas*.

---

(*) "A filiação divina natural dá-se em Deus Filho: «Jesus Cristo, Filho unigênito do Pai, nascido do Pai antes de todos os séculos..., gerado, não criado; consubstancial ao Pai» (*Símbolo Niceno-constantinopolitano*). Mas Deus quis, por meio de uma nova criação, fazer-nos participar da filiação do Unigênito, tornando-nos seus filhos adotivos: *Vede que amor nos mostrou o Pai em querer que sejamos chamados filhos de Deus, e que o sejamos de verdade* (1 Jo 3, 1); quis que o cristão recebesse a graça, de modo a participar da natureza divina: *divinae consortes naturae*, diz São Pedro numa das suas Epístolas (2 Pe 1, 4). A vida que os filhos recebem por meio da geração humana dos pais; pelo contrário, o que se dê aos homens pela graça santificante é a própria vida de Deus. Sem que com isso se destrua nem se force a nossa natureza humana, somos admitidos na

Esta tua vida em mim é um mistério, de que pouco compreendemos. Os teólogos procuraram traduzi-lo em fórmulas e falam de vida sobrenatural, de vida da graça. Mas é um mistério, porque a união da nossa alma com Deus pela graça nos transforma... sem que deixemos de ser nós mesmos. Sou transformado e os meus atos são verdadeiramente de Deus; pode-se dizer, sem exagero e ao pé da letra, que o meu ser está divinizado. Ao mesmo tempo, porém, continuo a ser homem, uma simples criatura. É uma transformação mais profunda e radical que nenhuma das mudanças de que temos experiência, sem no entanto fazer desaparecer o meu ser primitivo.

---

intimidade da Santíssima Trindade. Toda a vida é afetada pela filiação divina: o nosso ser e a nossa atuação" (Francisco Fernández-Carvajal, *Falar com Deus*, vol. IV, Quadrante, São Paulo, 1991, n. 98-I; N. do T.).

O Batismo é um ato de morte e de vida: de morte para o pecado e de ressurreição em Cristo, a fim de que *também nós vivamos uma vida nova* (cf. Rom 6, 4). E esta vida de Deus em nós, não há fórmula que a descreva satisfatoriamente. Li livros sobre a "inabitação da Santíssima Trindade na alma dos justos". Acompanhei discussões para esclarecer se, pela graça, é Cristo ou o Espírito Santo quem nos anima. Mas tudo isso não toca senão aspectos parciais de uma realidade inefável que não admite fórmulas, e prefiro refugiar-me simplesmente nas tuas próprias palavras.

*Eu sou a vide verdadeira e meu Pai o agricultor... Permanecei em mim e eu em vós. Como o ramo não pode dar fruto se não permanece na videira, assim também vós, se não permanecerdes em*

*mim... Eu sou a videira, vós os ramos...*
*Quem vive em mim e eu nele, esse dá fru-*
*tos abundantes...* (Jo 15, 1-7).

Sim, Mestre, a tua vida em mim é a seiva da minha alma. As folhas e os frutos no ramo são folhas e frutos da videira, mas é a seiva da videira que os alimenta e dela dá testemunho. Assim, Mestre, a minha vida sob a ação da tua graça; a minha vida nutrida da tua; a minha vida pela qual corre a tua como a seiva corre do tronco para os ramos — a minha vida, Mestre, sem esforço, sem mudança, sem fazer-me passar de um ser para outro ser, torna-se tua e todo o divino está em mim.

## Nada mudou e tudo mudou

Sim, Senhor, vejo-o bem. É a lei da tua Encarnação que se repete em mim.

A vida divina está em mim e, em certo sentido, nada mudou na minha humanidade. Nada mudou e tudo mudou. Continuo a ser eu mesmo, continuo a ser o pobre homem que sou, fraco e submetido a todas as fomes. E, contudo, de acordo com este modo misterioso que desconcerta já em Ti e mais ainda em nós, és Tu quem opera em nós e, na minha vida, aparece um princípio de ação tão forte que não posso subtrair-me a ele.

Que mudou então? Vejo que devo continuar a sofrer para sobreviver e desenvolver-me. A lei do esforço e da luta subsiste em mim depois do Batismo, como antes. Todas as paixões humanas prosseguem a sua cacofonia. Tenho de vencer-me a cada instante e todos os dias experimento a minha fraqueza. A graça modificou tão pouco as leis psicológicas do meu ser que os autores cristãos podem ilustrar as suas considerações com máximas extraídas dos sábios pagãos. As proposições de Sêneca e Epicteto sobre a virtude aplicam-se à formação cristã.

Toda a natureza humana se encontra em Ti, sem o pecado. Toda ela se encontra em mim, com o pecado. A tua vida em mim não suprime a minha liberdade, com o doloroso poder de me destruir a mim mesmo pelo mal. A virtude continua a ser para mim uma escolha que devo fazer. Mesmo quando Tu vives em mim, quando toda a tua ação inunda o meu ser de glória divina, conservo o poder de dizer: "Não!"

Mas eu posso dar-Te alguma coisa. Essa é ao mesmo tempo a minha grandeza e a minha debilidade.

\* \* \*

Ó meu Deus! É possível escrever estas palavras sem tremer?

Que eu Te dê alguma coisa! Eu, este ser de carne e sangue, este ser de paixões obscuras, de inconsciência e instintos... a Ti, que és o Todo-Poderoso, o Senhor, o Inefável, o Transcendente; a Ti, que vives e reinas nas moradas eternas; a Ti, para quem o Universo inteiro é menos que, para nós, o mais insignificante grãozinho de pó, pó de pó, resíduo do nada!

E, no entanto, é verdade que Te posso dar alguma coisa, algo que tenho de Ti, mas de que Tu me deixas ser dono: o fruto desta autonomia interior, a resposta que poderia ser "não" e que, se eu assim o quiser, será "sim".

É verdade que, mesmo este "sim", só o posso dizer com a ajuda da tua graça. Apesar disso, alguma coisa subsiste em mim, como minha. E só empreenderás a ação que queres realizar na minha alma se eu disser: "Sim!"

\* \* \*

É a lei da Encarnação. Eu continuo a ser plenamente humano. Tu decidiste fazer a tua obra nos homens mediante a sua colaboração, subordinando-a à ação do homem. E como continuamos a ser homens, tens necessidade do nosso concurso para que a tua obra se converta em realidade.

Tu terias podido suprimir a nossa liberdade, fazer de nós meteoros deslumbrantes. Mas então só teria havido a tua ação; a nossa teria desaparecido e já não seríamos homens. Pois ser homem não é acima de tudo ter um corpo e locomover-se com mais ou menos desenvoltura. É antes ter esta faculdade do espírito que adere livremente à verdade compreendida e governa a ação. E Tu queres que a obra da tua glória sejam os homens, os homens que vivem livremente a sua vida humana. Tu queres que a nossa salvação se realize por meio do teu Verbo encarnado e que a tua obra siga esta lei de encarnação que transforma e transfigura o humano.

Estamos associados à tua vida divina, Verbo encarnado. Queres que a virtude da tua Encarnação se estenda por onde quer que haja homens. Mas, para que seja assim, é preciso que os homens não deixem de ser homens.

\* \* \*

Agora compreendo, Senhor, por que, embora seja cristão, continuo a ser tão humano, com todas as minhas fraquezas de homem. Compreendo por que a graça que transforma a natureza não a corrige automaticamente, e por que, para imitar o exemplo de pureza que nos deixaste, devo continuar a lutar quase da mesma forma que se não contasse com a tua graça.

Mas, Senhor, ao compreender que posso dar-Te alguma coisa, que, em certo sentido, tens necessidade de mim — que luz, que estímulo, que glória não aparecem na minha vida!

# NATUREZA E SOBRENATUREZA

*Fonte de eternidade*

É verdade, Senhor, que toda a minha vida se faz tua, que toda ela será daqui por diante vida sobrenatural, e que isto significa que, à exceção do pecado, tudo o que há em mim é tão teu como meu? Que, sempre que os meus atos sejam virtuosos, são teus, são atos de Cristo, atos de Deus? Que há neles algo — não sei precisar bem o quê — algo de divino? Mas que, ao mesmo tempo, sendo atos do homem e atos de Deus, não são dois atos, mas um só, não um ato de Deus superposto ao ato do homem, como no caso dos deuses de Homero, que se batiam no céu por cima dos gregos e troianos que lutavam na planície? Um só ato real, uma só coisa, conjuntamente de Deus e nossa, que é de Deus sendo nossa?

É verdade que toda a minha vida se converte na tua, que a tua graça penetra as raízes do meu ser e me transforma no núcleo mais íntimo do meu ser, de tal forma que tudo o que procede de mim procede de Ti ao mesmo tempo? E que assim o mistério da tua Encarnação se renova em mim, certamente no plano da filiação adotiva — porque só Tu és Filho na plenitude da filiação —, mas de uma filiação adotiva muito diferente da adoção humana, que se reduz a um ato jurídico, ao passo que a tua me transforma e muda o meu ser no momento em que a tua vida me invade?*

Deste modo, pois, toda a minha vida humana se torna divina. Eu não tenho por que procurar o divino em outro lugar, fora do humano. O divino não é o

---

(*) Sobre a questão da filiação divina adotiva, dizia o Papa João Paulo II: "Mediante a graça recebida no Batismo, o homem participa do eterno nascimento do Filho a partir do Pai, porque é constituído filho adotivo de Deus: filho no Filho" (*Homilia*, 23.3.80).

"A filiação divina — diz Carvajal — não consiste somente em que Deus tenha querido tratar-nos como um pai aos seus filhos, e em que nós nos dirijamos a Ele com a confiança dos filhos. Não é um simples grau mais elevado na linha dessas filiações que, em sentido amplo, todas as criaturas têm com relação a Deus, conforme a sua maior ou menor semelhança com o Criador. Isso já seria um dom imenso, mas o amor de Deus foi muito mais longe e fez-nos realmente filhos seus. Enquanto essas outras filiações são na realidade modos de dizer, a nossa filiação divina é filiação *em sentido estrito*, embora nunca possa ser como a de Jesus Cristo, Filho Unigênito de Deus. Para o homem, não pode haver nada maior, nada mais impensável e mais inalcançável, do que esta relação filial (*Falar com Deus*, vol. V, n. 59-II; N. do T.).

humano, mas manifesta-se no humano, tal como em Ti, na tua divina pessoa, na tua pessoa de Homem-Deus, que eu vejo simultaneamente tão humana e plenamente divina. Também no plano inferior em que a vida divina se realiza em mim, tudo é divino em mim. O teu contacto faz brotar em mim, como disseste, uma fonte de eternidade (cf. Jo 4, 14) e, daqui por diante, nos atos mais humildes, *quer coma*, *quer beba*, como diz também o teu Apóstolo (cf. 1 Cor 10, 31), tudo é divino em mim.

## *Uma glória transbordante*

A minha vida é uma cópia da tua; é-o em si mesma pela graça, que é a tua vida em mim. E esta semelhança realiza--se plenamente na medida em que submeto a minha ação livre ao sopro da tua vida divina.

No cristianismo, é necessário procurar esta vida divina, não fora do humano, mas através do humano. Está no humano sem ser do humano; transparece nele com a mesma pureza delicada com que aparece na tua Pessoa divina. É algo também inexplicável e, no entanto, impõe-se como uma realidade tão inegável como inapreensível.

Em que a reconhecemos? O bom cristão sabe que encontra na prática da vida cristã uma paz, uma segurança e uma força essencialmente diferentes das que transmitem os afetos humanos e os êxitos da terra. É um estado que supera qualquer outro, como um oratório de Bach supera um concerto de panelas. Música interior, paz, mesmo nas circunstâncias mais críticas. Quem o experimentou sabe o que queremos dizer quando falamos da *única coisa necessária*.

Esta ação divina manifesta-se também externamente. Os que convivem com um cristão fiel à sua fé notam nele algo de indefinível, uma espécie de luz e serenidade, aliada a uma delicadeza de caridade, de uma qualidade que não se encontra em outro lugar.

Cada tipo de vida — a vida muçulmana, a antiga cultura grega, o espírito de um livre-pensador honesto — tem a sua densidade própria. A da vida cristã manifesta-se pelo mistério da junção do divino e do humano. "Vede como se amam", diziam os pagãos dos primeiros cristãos. E ainda hoje, por onde quer que passe um bom cristão, o aroma do divino espalha-se à sua passagem e desperta a nostalgia de uma pureza que não é deste mundo.

Lê-se no livro do *Êxodo* que Moisés, chamado por Deus ao Sinai para receber a Lei, subiu à montanha e *a glória do Senhor repousou sobre o Sinai, envolvendo-o numa nuvem à maneira de fogo ardente* (cf. Êx 24, 15-17). Essa "glória do Senhor" também repousa sobre o cristão, como reflexo que é da glória que os discípulos viam em Jesus. Notamo-la na vida do cristão fiel: transborda da sua alma para os seus atos, para as suas palavras e mesmo para a expressão do seu rosto. É ela que atrai e converte, é ela que anima todo o corpo da Santa Igreja, pois é a vida divina entre os homens.

*Em Cristo*

Nada tão desconcertante como esta realidade divina. Uma vida divina que se manifesta em toda a ação, sem que nunca possamos apreendê-la em si mesma. Uma vida humana em que nada mudou, em que tudo continua de acordo com as mesmas leis e em que se nota, ao mesmo tempo, uma transformação radical; que continua a experimentar todas as fraquezas e todas as penas, todas as dificuldades e todas as paixões, sem no entanto excluir a outra experiência, a de uma pureza, de uma coragem e uma paz que ultrapassam todas as formas de expressão.

E, no cristão que se compromete generosamente a seguir pelo caminho que Tu lhe indicas, realiza-se um lento trabalho de amadurecimento, do qual se desprende uma sabedoria que é perfeição humana e ao mesmo tempo deixa transparecer algo mais que o meramente humano.

A vida cristã continuará a ser um mistério enquanto não a virmos sob a irradiação deste foco. Não a acusam hoje de ser desumana e amanhã de ser demasiado humana? Com essa mesma incongruência Te acusavam a Ti.

Escandalizam-se de que o cristão atravesse a vida cantando, de que malhe jovialmente a bigorna com o martelo, de que faça soar alegremente o chão debaixo dos pés, de que se apresente como um operário robusto e são, como um homem de ação empreendedor; de que esteja no mundo, atento ao seu trabalho quotidiano; de que não abandone nem despreze nenhum dos valores humanos. Escandalizam-se de encontrar nele o tom singelamente humano e realista do Evangelho, e parece-lhes mais divina a alienação dos livros orientais, que não falam senão de Deus e chegam a negar o mundo...

Ao mesmo tempo, censuram o cristão que despreza os valores mundanos, que vive aqui em baixo como se não fosse da terra, que encara a vida como um exílio e não se agarra aos bens terrenos que fazem a alegria dos mortais.

É que não compreendem as palavras: *O reino de Deus está dentro de vós* (Lc 17, 21). Sim, o reino de Deus está no humano sem ser humano e ultrapassa o humano permanecendo nele. O reino de Deus realiza-se pela Encarnação. A Encarnação abre-se em nós, em todos aqueles que aceitam a mensagem divina. E é então que toda a sinfonia da nossa vida se converte em expressão da vida divina.

\* \* \*

Eu Te elevaria, Senhor, uma prece para obter a graça de compreender a unidade do humano e do divino na nossa vida, para compreender que toda a minha vida — esta que o Criador me deu — está transformada; e que esta vida divinizada continua a ser a minha vida de homem, que é ela que se diviniza quando me deixo conduzir pela inspiração dos teus ensinamentos.

A tua invasão em nossas almas, esta influência que exerces até converteres todo o nosso ser em algo teu, supera tanto o nosso entendimento e evoca tanta grandeza e tanta maravilha, que nos força a desejar que — como quereríamos em Ti — também em nós o divino se exprimisse por sinais transcendentes, sem deixarem de ser proporcionados ao nosso espírito criado. Quereríamos uma espécie de milagre palpável, alguma coisa que nos afogasse de emoção, e dificilmente compreendemos que o divino autêntico é muito maior precisamente por desprezar o milagroso que só fala à imaginação.

Sim, Mestre, dá-me a graça de perceber estes valores incompreensíveis para os homens carnais, estes autênticos valores divinos que se desenvolvem em nós sem descartarem a natureza, porque são puramente espirituais, porque o divino é tão incomparável que o natural não o estorva, nem sequer o vela. Abre caminho através de tudo.

Deus falou a Balaão por meio de um asno, aos Magos por meio de uma estrela, aos pastores por meio de uns anjos. Somente Ele é dono da sua linguagem e utiliza os meios como lhe apraz. Em nós, pela vida sobrenatural, fruto da Encarnação, faz mais do que falar: toma-nos inteiros e envolve-nos no abraço da sua divindade. A sua luz trespassa todo o nosso eu humano, toda a nossa verdadeira vida de homens. Só tenho que mudar nela o pecado para que Ele a transfigure e o meu ser se engolfe na alegria.

# EM BUSCA DO SOBRENATURAL

Já que penso ter compreendido, Senhor, ajuda-me a não procurar mais o sobrenatural em estado puro.

É uma obsessão que todos temos. Não acabamos de acostumar-nos à audácia dos teus desígnios e obstinamo-nos em separar a vida natural da sobrenatural, reduzindo esta última a algumas formas de atividade que julgamos mais dignas de Ti. E, na verdade, nada é digno de Ti e tudo o é quando é do teu agrado.

*Até os sacramentos...*

Apesar do que nos disseste, apesar da tua insistência em repetir que é teu discípulo quem faz a vontade do Pai e que os teus discípulos serão conhecidos pelo amor com que se amarem uns aos outros (cf. Mt 7, 21; Jo 13, 35), persistimos em estabelecer distinções que Tu nunca fazes, e dizemos de preferência que tem uma vida cristã aquele que tem o que chamamos "vida de piedade", isto é, aquele que reza muito. O sobrenatural, para nós, exprime-se antes de tudo e acima de tudo pela virtude da religião.

Contudo, sabemos que a virtude da religião — que é a virtude pela qual o homem se volta para Deus e se reconhece dependente dEle — é uma virtude natural. Encontramo-la onde quer que os homens chegam a saber que Deus existe.

Sabemos que os judeus também rezam, que os muçulmanos rezam e com frequência mais do que nós, que os indianos, os tibetanos e os chineses rezam, e que a vida contemplativa se desenvolve neles — ou em alguns deles — com um rigor por vezes mais exigente que nos nossos mosteiros. A religião e o espírito de prece situam-se num plano natural, como qualquer outra atividade.

Mas isso não nos satisfaz: procuramos uma forma de ação que seja a expressão do puramente sobrenatural, de um sobrenatural que não corresponda a nada de natural. Parece-nos que a verdadeira vida sobrenatural, a vida em Deus, deve ser uma vida em que, abstraídos do material, mergulhemos em Deus, uma vida separada da vida comum dos homens, uma vida em que se suprimam na medida do possível as condições habituais da nossa vida, como se nada de nosso pudesse subir até Ti e como se não dependesse unicamente de Ti que a nossa vida seja em Ti...

Ora, Tu quiseste que até os teus sacramentos, os meios mais puros da tua ação em nós, fossem sinais sensíveis que atuassem por meio de palavras, de unções, da água, de um alimento, de uma bebida. Também aí não se separa o sobrenatural, e não será separando-me eu de todo que receberei a graça que transforma a minha vida...

O pecado original apaga-se quando a água do Batismo corre sobre a nossa fronte. Para ser absolvido dos meus pecados, tenho de falar com um homem, na minha linguagem de homem, e preciso que ele me responda. E para ser alimentado pelo Pão eucarístico, tenho de abrir a boca e receber aparentemente um simples pedaço de pão; este é o sacramento que alimenta a vida sobrenatural.

### "Continuaria a jogar bola"

Toda a minha vida — se estou em graça — exprime Deus em mim. O sobrenatural não depende do caráter das minhas ocupações, mas da caridade — do amor divino — em mim.

Se lavo a louça com grande caridade, em serviço de Deus e dos meus irmãos, realizo um ato plenamente sobrenatural; mas não se rezo sem fervor. E se rezo quando o dever me chama a lavar a louça, desvio-me da vida divina.

A imensa maioria dos homens é chamada a servir a Deus entre os homens. Para que a obra divina se realize em nós, é preciso que o camponês semeie o grão, que o padeiro coza o pão, que o agente de polícia vigie a rua, que o comerciante ponha à disposição dos seus irmãos os produtos de que precisam, que o médico cuide dos enfermos, que o arquiteto e o pedreiro construam as casas. A obra de Deus leva-se a cabo pelas mãos de todos esses homens, e, se eles se dedicam às suas ocupações em estado de graça, a vida divina estende-se pelo mundo e Cristo manifesta-se no seu trabalho.

Não vejo de que modo poderia servir a Deus melhor do que cumprindo dia após dia todos os deveres da minha vocação de homem. Por mais que pense, não vejo de que modo poderia ser mais sobrenatural do que fazendo neste momento o que a vida me chama a fazer, a vida que Deus me deu para que eu o sirva, a vida que Ele transfigura por Cristo, a minha vida, a minha verdadeira vida.

Sou mecânico? Porei todo o amor de Deus e dos meus irmãos em consertar este motor que me foi confiado. Sou estilista? Porei esse amor em fazer belos vestidos. Sou mãe de família? Pô-lo-ei em fazer felizes os meus. Sou professor? Pô-lo-ei em preparar bem as minhas aulas.

Os momentos em que rezo vivificarão toda a minha atividade; esses tempos imprescindíveis dedicados a estar unicamente com Deus ajudar-me-ão a dissipar a multidão de impurezas que ameaçam afogar a minha capacidade de amar. Mas, depois disso, a obra de Deus far-se-á acima de tudo na minha ação e pela minha ação, porque, quando Deus compartilha a sua vida comigo, tudo é sobrenatural em mim.

Conta-se que, quando São Luís Gonzaga era noviço na Companhia de Jesus, um dia, durante o recreio, alguém perguntou o que cada um faria se soubesse que ia morrer dentro de uma hora. "Eu — disse Luís — continuaria a jogar bola". Tudo é sobrenatural, e, se a vontade de Deus é que neste momento eu descanse, estude ou varra a casa, isso é obra divina.

## A divinização do homem

Senhor, Tu és dono de tudo. Apaziguas a tempestade e a fazes rugir; dás a vida, e a tiras, e a podes devolver. Nada há acima de Ti. Mas a vida sobrenatural que nos dás pela Redenção, a vida divina encarnada, a vida da graça, está, como Tu, muito acima de qualquer prodígio, porque não é ação divina nisto ou naquilo, é a divinização do homem. Portanto, Tu vives e atuas em todo o meu ser.

Mestre, que eu não o esqueça nunca. Já que Tu estás em todo o meu ser, que eu seja todo teu, que a minha vida interior seja para toda a minha vida o que a chuva benfazeja é para a terra que umedece, que a minha vida interior tempere a minha ação e que esta seja a expressão da minha fé.

Mestre, tenho agido com frequência como um homem obtuso, pois não via no material senão o material e separava o que chamo moral natural* da tua vida em mim. Julguei poder dividir a minha vida em partes, e, embora a que

---

(*) A honestidade própria de quem, mesmo sendo pagão ou descrente, procura seguir a reta razão, a lei natural (N. do T.).

te dedicava me parecesse a melhor, reservava para mim a outra, da qual me julgava dono.

É preciso que, a partir de agora, isso termine. Tu queres tudo. Tomas tudo. Tudo te pertence. Tudo é teu. À parte a hipótese horrorosa do pecado deliberado, tudo o que faço exprime a tua vida em mim; não existe harmonia mais suave na minha vida que ser o instrumento que Tu tocas em tudo, nas condições da minha natureza humana.

O cristão não tem que escolher entre uma vocação natural e uma vocação sobrenatural. Toda a vocação cristã é sobrenatural. Tanto o matrimônio como a vida num convento. E também o são todas as profissões honestas; cada um deve escolher aquela em que possa realizar-se e, portanto, servir melhor; mas todas são vida de Cristo em nós.

*Vós sois linhagem escolhida, sacerdócio real, nação santa*, diz-nos São Pedro (1 Pe 2, 9). E São Paulo: *Todos os que são conduzidos pelo espírito de Deus são filhos de Deus* (Rm 8, 14). Não se trata de um ou de outro, de alguma alma escolhida; trata-se de todo o povo cristão, de todos, de todos os membros da comunidade cristã que, juntos, realizam a obra de Deus na graça.

Senhor, vê diante de Ti toda a minha vida. Eu quereria estendê-la aos teus pés, como se desenrola um tapete, humilhá-la aos teus pés para que a pises e, sob a pressão dos teus passos, se torne obra tua. Que nada em mim impeça a tua ação e que toda a minha humanidade transformada pela tua graça, animada pelo sopro em que a tua ação se faz uma só com a minha, entoe o cântico de glória que vieste ensinar-nos e que não queres que ressoe no mundo senão por meio de nós, da nossa humanidade, com o nosso concurso e pela nossa adesão.

# IRRADIAÇÃO DE CRISTO

— E agora que devo fazer?, pergunta-me um recém-convertido.

— Exerce conscienciosamente a tua profissão, cumpre os teus deveres familiares, ama o teu próximo e ajuda-o sempre que puderes.

— Já faço isso. Que mais devo fazer?

— Não é fácil dizer...

— Estou vendo. Fazer bem tudo o que tenha de fazer e, além disso, ir à Missa, confessar-me... Tudo o mais continua igual, porque continuo a ser autêntico homem e nada de humano me é estranho.

— Sim — disse-lhe —, e, no entanto, isso não é tudo.

\* \* \*

Mas como explicá-lo, Senhor? Posso dizer outra coisa a não ser: *Vinde e vede*? E se não virem? Tantos cristãos passam ao largo sem ver!

No entanto, tudo se transforma quando entras na nossa vida. As nossas ações continuam a ser humanas, conservam o seu ritmo humano. Mas já nada se assemelha ao que era antes.

Acima de tudo está a tua imensa caridade, que é o próprio amor de Deus.

## O reinado do amor

O amor de Deus! À primeira vista, isso não diz nada, pois a palavra amor se aplica a mil coisas muito diferentes.

Ama-se a esposa ou o esposo, ama-se o esporte, ama-se a cerveja...

A ideia do amor é tão geral que não chega a impressionar-nos dizer que Deus nos ama. Além disso, para a maioria dos homens, é pouco mais que uma abstração, uma noção tão vaga que quase se reduz a uma palavra e não pode comover-nos mais do que nos comoveriam uns sentimentos manifestados numa língua desconhecida.

Tu vieste para que nós compreendêssemos, para que essa abstração se convertesse aos nossos olhos numa realidade estuante de vida. Tu nos falas do Pai que temos nos céus e, quando nos aproximamos mais de Ti, percebemos uma pureza de amor como nunca vimos outra igual.

Não notamos essa pureza apenas por nos teres amado até à morte, pois sempre houve homens que deram a vida pelos que amavam. Notamo-lo por teres dado essa prova sendo quem és, o Filho eterno de Deus, o Verbo encarnado, modelo e fonte de toda a pureza: sendo Deus.

\* \* \*

A vida cristã baseia-se na visão de um mundo nascido da irresistível pressão de um amor criador. De um mundo que não existe senão para permitir o abraço de amor que una a criatura ao Criador, transpondo abismos aparentemente intransponíveis. De um amor divino que, quando a criatura responde com a rebelião à primeira chamada, se faz redentor. A recusa da criatura parece espicaçar o amor do Criador, que se torna violentamente impetuoso.

Desde então, domina-nos a luta pelo reinado desse amor. É a luta para que Cristo reine, para que o amor entre os homens seja o seu amor, o seu amor e a sua vida, o amor tal como o encontramos nEle, o amor que imita o seu e que não é apenas modelo, mas realidade em nós. Sabemos que, na medida em que esse reino se realize, os homens encontrarão tudo: glória, felicidade, perfeição, numa plenitude de ser que ultrapassa as aspirações da natureza e as realiza num plano que nenhuma linguagem humana pode sonhar em exprimir adequadamente.

## Um amor gratuito

Isso é que é, em primeiro lugar, a vida cristã. *O amor de Cristo nos compele* (2 Cor 5, 14) a não vivermos mais em nós mesmos, mas nEle, e a sermos assim *novas criaturas em Cristo* (2 Cor 3, 17).

Não se trata de um amor genérico aos homens e à humanidade, de um amor qualquer. Trata-se do amor redentor que transfigura o humano, que o impregna da glória que está em Deus e nos purifica como o fogo purifica o ouro.

Este amor que purifica não consiste em palavras abstratas. É um amor que vive em nós na medida em que nós mesmos vivemos em Cristo. É uma realidade viva em Cristo, e daí o seu incomparável poder de atração.

Tem como primeira característica o desinteresse de quem nada busca para si mesmo: é absolutamente gratuito. Mas como chegar a essa gratuidade sem ser Deus? Deus é o único que nada tem que possa receber, porque é o único que nada tem que possa desejar. Só Ele dá sem pedir nada em troca.

Tu, Senhor, não nos trazes a verdade e a vida como recompensa das nossas virtudes, mas em resposta aos nossos pecados. Amas os homens porque *Deus é amor* (1 Jo 4, 8) e em Ti só há amor, vontade de tornar felizes todas as criaturas, felizes na pureza. Só em Ti achamos a gratuidade.

\* \* \*

O amor puro é também desapego do que é material, porque o material, o sensível, busca-se a si mesmo. O sensível não é capaz de abnegação: a flor volta-se para o sol unicamente para absorver o calor. A admiração e o sentimento de êxtase na presença da beleza perfeita só se encontram no nível do espírito. É o espírito que nos faz abrir-nos aos outros e desejar-lhes o bem.

Tu, Senhor, vieste dar-nos o exemplo, não de uma luta áspera contra o corpo, mas de um desapego perfeito. O homem que Tu és tem que aceitar a sua condição e satisfazer as suas necessidades materiais, mas o teu espírito e o teu pensamento não estão na carne e nos seus desejos. Estão na obra do teu Pai, e a glória do teu Pai reside no bem das suas criaturas.

É, pois, um círculo, uma vez que o bem das criaturas consiste, por sua vez, em darem glória ao Pai, em esquecerem-se de si mesmas para que se cumpra nelas a vontade de Deus, para que o espírito as anime com o seu hálito, para que sejam *templo de Deus* e *o Espírito habite nelas* (cf. 1 Cor 3, 16).

*Arraigados e fundados em Deus*

Senhor, eu quereria o amor, o teu amor em mim.

O teu amor tão suave e tão forte. O teu amor, o único perfeitamente puro, o único capaz de dar sem reservas, o único que dá sem fim as insondáveis riquezas do divino.

Por isso, Senhor, a vida é, acima de tudo, conhecer-Te. Conhecer-Te é mais que a vida: é a vida eterna. Tu mesmo o disseste: *A vida eterna é que te conheçam a ti, único Deus verdadeiro, e aquele que enviaste, Jesus Cristo* (Jo 17, 3).

A vida é conhecer-Te. É impregnar-se de Ti, até que revivas em nós e a tua alma seja a nossa. A graça que nos dás não tem outro objeto. Ser cristão é ser homem de Cristo. Preciso, pois, unir-me a Ti, a Ti, Jesus, personagem histórica que nos revelas o amor divino. E não apenas nas tuas palavras, mas na tua vida, porque Tu és o Filho.

Senhor, a primeira graça que Te peço é a de ter uma religião pessoal, que seja união da minha pessoa com a tua, união e absorção, absorção da minha pessoa na tua, até ao extremo de poder dizer com o teu Apóstolo: *Já não sou eu que vivo, mas é Cristo que vive em mim* (Gl 2, 20).

Para isso, para que a tua caridade possa espraiar-se em mim purificando-me até ao infinito, num contínuo crescimento de pureza, preciso alimentar-me das tuas divinas palavras no Evangelho e dos teus sacramentos. E assim a minha alma se abrirá, não somente à tua doutrina, condensada em fórmulas pelos que têm o dever de preservar a ortodoxia, mas — ao abrigo desse refúgio — ao teu ensinamento vivido, ao espírito de que dão testemunho a tua vida e a tua ação, a fim de que, pouco a pouco, o teu espírito governe a minha vida e os meus reflexos e toda a minha espontaneidade sejam teus.

\* \* \*

Não se trata somente de aderir a um conjunto de verdades de fé, mas de "caminhar no Senhor, arraigados e fundados nEle". É a salvação do mundo, a salvação na glória e na vida divina, uma fraternidade de homens que vivem unidos na grande obra do Reino em que a natureza transfigurada se anima com toda a pureza e com o próprio hálito de Deus.

Não se trata somente de crer nas verdades de fé: esse é o ponto de partida. Cristo deve *habitar em nossos corações pela fé*: esse é o fim. *De sorte que, arraigados e fundados na caridade, nos tornemos capazes de compreender com todos os santos o comprimento e a largura, a profundidade e a altura* do Reino de Deus *e de conhecer o amor de Cristo que ultrapassa todo o conhecimento, de modo que sejamos repletos de toda a plenitude de Deus* (cf. Ef 3, 17-19).

À medida que o espírito de Cristo ganha terreno no mundo, o reino de toda a paz estende-se entre os homens.

Senhor, aqui está a minha alma. Estabelece nela o teu reino para que, partindo de mim como uma onda no espaço, conquiste os outros.

# PERFEIÇÃO DE CRISTO

Será verdade, Senhor, que precisas de nós? Por acaso não é perfeita a glória que dás ao teu Pai e não esgotas toda a perfeição? O Incriado pode precisar de alguma coisa? Pode o homem acrescentar alguma coisa a Deus?

*"Tudo em todos"*

Mas Deus quer realizar uma obra entre os homens. Quer viver neles. Quer que o humano esteja saturado dEle, seja Ele, até onde o permita a sua condição de criatura. A Encarnação veio propor ao mundo o Exemplar, o Modelo. Por Ele, a criatura une-se a Deus, o homem converte-se de algum modo em Deus, segundo o modelo perfeito da Encarnação.

E, no entanto, meu Mestre, Tu não vieste a nós apenas para consumar essa perfeição. A Criação não tem por fim único terminar naquilo que Tu és. Ao tomares carne como a nossa, Verbo inefável, aceitaste que o divino, sem quebrar a lei da Criação, se realizasse no humano e de certa forma se acomodasse às exigências do finito...

Pela Encarnação és realmente um homem. É verdade que em Ti se encontra toda a perfeição, porque Tu és a perfeição acabada. Mas, como és um homem, não tens nem podes ter ao mesmo tempo senão a perfeição de um homem.

Um homem. Nasceste num lugar determinado no tempo e no espaço, como todos os homens. De uma família e de um povo. Viveste nos primeiros anos da nossa era. És filho de Maria. Perfeito entre os filhos do homem, tens uma perfeição concreta. Um homem pode ser perfeito com diversas estaturas; Tu tens uma estatura e um peso determinados, não outros. Os teus cabelos não são ao mesmo tempo pretos e louros. Falas a língua do teu país e não a de outro. A tua linguagem inspira-se nos usos do teu tempo, e as parábolas evangélicas, como os preceitos dos teus discursos, trazem a marca da época, do povo, de todas as circunstâncias que concorreram na tua formação humana.

Nos trinta e três anos da tua vida terrena, realizaste uma perfeição humana, mas não lavraste a terra e, no entanto, a perfeição do gênero humano pede que a terra seja lavrada. Não governaste um Estado e, no entanto, a perfeição do gênero humano pede que os Estados sejam governados. Não ofereceste a Deus a homenagem das obras de arte, distribuindo as cores pela tela, esculpindo o mármore ou fundindo o bronze; não exprimiste as harmonias interiores pelo acorde dos sons nas cordas, e não construíste nem um templo nem uma casa. Não trouxeste filhos ao mundo e não os educaste, como pede a perfeição do gênero humano. No entanto, a perfeição do gênero humano exige que se faça tudo isso. Toda ela pede que outros homens se unam a Ti para levar a cabo as obras do homem, todas as obras do homem segundo o teu espírito e com os recursos de alma que só Tu nos podes dar...

Se a obra de Deus está na Encarnação, se ela pede que toda a carne se divinize e que o espírito de Deus anime todas as atividades humanas, que nenhuma atividade humana, nenhuma obra do homem seja excluída da imensa empresa de divinização, é preciso que todos nós metamos ombros a essa tarefa. Que todos nós — os pequenos e os grandes, os operários e os intelectuais, os jovens e os velhos, os homens e as mulheres —, todos Te ofereçamos o esforço total da nossa alma, todos os recursos do nosso espírito e do nosso coração. Que Te encarnes de novo, por assim dizer, em cada um de nós, por meio desta vida de filhos adotivos de Deus, por esta vida participada que é a tua vida em nós, de tal maneira que o teu amor, a tua perfeição, o hino tão suave da tua pureza, o vinho tão forte do teu amor, se façam ouvir e se plasmem em formas sempre novas. Que sejas encontrado sem cessar, sempre novo e sempre o mesmo, em todas as manifestações humanas do espírito, em todas as canções que modulamos, em todos os gestos que traçamos, em todas as obras que construímos.

*"Todas as raças, línguas, povos e nações"*

É, então, verdade, Senhor? Tens necessidade de mim, e posso eu dar-Te alguma coisa, completar-Te, completar o mistério da Encarnação, entregando-Te a minha perfeição de homem de hoje, a perfeição que se realiza na civilização técnica em que vivemos, com a máquina, a imprensa, a televisão, etc., etc.?

Consiste, então, a minha vocação em ser uma representação da tua divina perfeição? Que cada um de nós não somente seja outro Cristo, como sempre se insistiu, mas um novo Cristo? Uma nova imagem, mais que uma imagem, uma nova encarnação do modelo divino que Tu nos propões?

E que, se eu me nego à tua chamada, ficará faltando alguma coisa, porque haverá uma forma de perfeição humana que não estará divinizada pela obra da tua vida nela?

E que assim os que formamos a tua Igreja, todos juntos, somos o teu Corpo Místico, o grande organismo pelo qual a Encarnação se estende a toda a humanidade, na infinita variedade e riqueza das realizações sempre novas deste gênero humano, nas obras incessantemente renovadas e nas concepções e ideias sempre novas?

\* \* \*

Os pintores antigos representavam Cristos flamengos, italianos, espanhóis, e tenho visto nos nossos dias Cristos chineses, indianos, negros. Os artistas têm razão. Tu és de todos os povos e cada um deve reproduzir a tua divina linguagem na sua língua.

A Encarnação associa-nos à vida divina e à obra de Deus, como se Deus precisasse de nós — Ele que de nada precisa —, pois a sua obra, tal como Ele a quis, não se pode realizar se não nos prestarmos a ela. Verdadeiramente, quando me deixo impregnar da vida divina, a Encarnação expande-se, revives Tu humanamente, sob a personalidade, com o caráter, nas circunstâncias em que cada um de nós é chamado a crescer.

Vejo também uma nova profundidade na tua Encarnação. Ela não se limita a fazer do divino Modelo um irmão, a cabeça de todas as criaturas: propõe-se transformar-nos nEle na medida em que a Encarnação pode renovar-se. Quando o Apóstolo nos diz: *Já não sou eu que vivo, mas é Cristo que vive em mim* (Gl 2, 20), e quando nos propõe esse exemplo como ideal, não nos convida somente ao abandono da nossa personalidade na tua, mas à entrega da nossa personalidade para que Tu a faças tua e assim vivas e Te manifestes, meu Mestre, em todas as raças e em todos os séculos, por meio de todas as línguas e técnicas.

\* \* \*

Assim, Senhor, a história do gênero humano é de agora em diante a história do teu crescimento em nós. A tua vida não é somente a que viveste na Palestina há séculos, nem somente a vida gloriosa que tens hoje à direita de Deus Pai. É também a tua vida em nós. A glória dos homens, as bem-aventuranças e a fonte de todas as energias, são que sejamos juntos um grande Cristo prolongado através dos continentes e das idades.

*Ser Cristo*

Mas se não me entrego plenamente a fazer a tua obra na minha vida, Senhor, detenho o teu crescimento.

Senhor, não será esta a definição de pecado? Será possível ser bom cristão sem me deixar invadir até o último recanto da alma pela divina preocupação de fazer-Te um lugar tão amplo que eu mesmo desapareça e não haja em mim ninguém mais além de Ti?

Mas quando eu for Tu, porventura não serei mais perfeitamente eu mesmo, se o que Tu pedes é que Te realize, que Te encarne em mim de acordo com o meu caráter, as minhas capacidades, segundo as exigências do meu tempo e nas circunstâncias que dominam a minha vida? Nunca serei mais eu mesmo do que quando for Tu, pois não posso oferecer-Te esta extensão da tua Encarnação senão sendo plenamente eu e pondo à tua disposição todos os recursos do meu ser.

É concebível que o meu coração permaneça impassível ao contemplar a vocação a que nos chamas? Que até possa querer uma felicidade terrena da qual Tu estejas ausente, que possa opor o meu destino humano à tua chamada?

Por que Te compreendo tão pouco, Mestre carinhoso? Como é possível que, com frequência, vejamos na tua lei um jugo que nos afasta tristemente dos gozos humanos?

Tu falas muito claramente e o teu rosto divino irradia amor: *Disse-vos estas coisas para que a minha alegria esteja em vós e a vossa alegria seja perfeita* (Jo 15, 11).

*Sois meus amigos*, dizes (Jo 15, 14). E dirigindo-Te ao Pai: *Dei-lhes a glória que tu me deste, a fim de que sejam um como nós somos um, eu neles e tu em mim, para que sejam perfeitamente um... E dei-lhes a conhecer o teu nome, para que o amor com que tu me amaste esteja neles e eu também esteja neles* (Jo 17, 22.26).

Mestre, sei que tenho muitas fraquezas e que sou distraído e negligente.

A minha fragilidade gravita pesadamente sobre os meus ombros. Mas não afasto os olhos da tua luz e o teu doce rosto acentua-se nos meus traços. Senhor, que esta obra tua em mim, essa que forma o homem novo, o homem de luz, manifestação da tua virtude, seja o único bem que cative o meu olhar ao longo da minha vida!

*Direção geral*
Renata Ferlin Sugai

*Direção editorial*
Hugo Langone

*Produção editorial*
Juliana Amato
Gabriela Haeitmann
Ronaldo Vasconcelos

*Capa*
Gabriela Haeitmann

*Diagramação*
Sérgio Ramalho

ESTE LIVRO ACABOU DE SE IMPRIMIR
A 27 DE NOVEMBRO DE 2023,
EM PAPEL OFFSET 90 g/m$^2$.